COMPLIMENT
POUR L'OUVERTURE
DU THEATRE ITALIEN
Au Mois d'Avril 1744.

Le prix est douze sols.

A. PARIS,
Chez DE LORMEL, Quay des Augustins,
à la descente du Pont-neuf, au Nom de JESUS.

M. DCC. XLIV.
AVEC PERMISSION.

COMPLIMENT
POUR L'OUVERTURE
DU THEATRE ITALIEN,
Au Mois d'Avril 1744.

SCÈNE PREMIERE.
LE CAPRICE & LE GOUST.

LE CAPRICE.

MESSIEURS, vous pouvez aisément
Sous l'habit féminin connoître le Caprice;
C'est le sexe & l'ajustement
Qui sont le plus à ma propice.
Le Caprice est dans l'homme un espéce de vice,

A ij

COMPLIMENT.

La Femme en fait un agrément.

Ce Théatre léger fut toujours mon domaine;
Les autres font foumis à de féveres loix,
Qu'on cite avec orgueil, qu'on obferve avec peine,
Qui refferent l'efprit, qui deffeichent la veine.
A force de les fuivre, on vous a quelquefois
   Renvoyés avec la Migraine.

Telle témérité chez Nous a du fuccès,
   A telle autre on fait le procès.
Le Caprice en échec, pour fe tirer d'affaire,
   Met en avant fon caractere :
   Sa gloire n'eft point en défaut,
Il n'a point d'un grand nom la péfante chimere;
   Apprécié le peu qu'il vaut,
   Il ne tombe pas de bien haut,
   Et fa chute en eft plus légere.

Il peut fe relever par fa fécondité,
   Il la perd quand on l'intimide;
Ses écarts ne font pas un délire effronté;
   Il veut la Nouveauté pour guide
   Et pour compagne la Gayeté

   C'eft un trio qui devroit plaire...
Mais du fond du Parterre on me lance un regard...

COMPLIMENT.

Le Lorgneur vient à moi... C'est mon juge ordi-
naire.
C'est le Goût... Auroit-il, Messieurs, de votre part
Quelque remontrance à me faire.

SCENE II.

LE GOUST, LE CAPRICE.

LE GOUST.

EN doutez-vous ?

LE CAPRICE *à part.*

Faisons-lui nos adieux...
Non, demeurons... Par un ton gracieux,
Si j'apprivoise la Censure,
C'est presque en triompher.

(*haut.*)

Seigneur, quel jour heureux
Quel doux présage pour nos jeux
De vous voir à leur Ouverture !

LE GOUST *à part.*

La présence du Goût la flatte & la rassure,
Le compliment est orgueilleux.

LE CAPRICE *à part.*

Qu'il a l'air froid !

COMPLIMENT.

LE GOUST *à part.*

Ah ! que de révérences.

LE CAPRICE *à part.*

Ne perdons pas le fruit de nos avances.
Il ne m'a jamais tant impofé qu'aujourd'hui ;
Je ne me trouvois point tête-à tête avec lui.

au Goût.

Je fçai que rien n'eft beau que par votre fuffrage.
Vous regardez...? On a fait de fon mieux
Pour vous recevoir.

LE GOUST.

Moi ! me prend-on par les yeux ?

LE CAPRICE.

La Salle vous plaît-elle ?

LE GOUST.

Eh ! Qu'importe la Cage ?
Ce font des Oifeaux que je veux,
Dont le Ramage fe varie.

LE CAPRICE.

Il nous eft arrivé des Acteurs d'Italie.

LE GOUST.

Peut-être elle a bien fait de les remercier :
Et vous apportent-ils quelque nouvel Ouvrage ?

COMPLIMENT.

LE CAPRICE.

Oui, Seigneur.

LE GOUST.

Je respire. Et l'Artificier
Ne fera plus chez vous le premier personnage ?
Donnez-vous du François ?

LE CAPRICE.

On nous en a promis.

LE GOUST.

Je crains l'évenement.

LE CAPRICE.

Nous aussi, je vous jure.
Vous plaire est de nos soins & l'objet & le prix ;
Nous nous réglerions bien sur votre tablature.

LE GOUST.

Le Caprice ne veut ni régle, ni mesure.

LE CAPRICE *à part.*

J'en suis quitte ; il me va refuser ses avis.

LE GOUST.

J'en donne volontiers, les avez-vous suivis ?

LE CAPRICE.

Aussi d'un ton fort clair, mais un peu laconique,
Seigneur, vous prononcez vos décrets souverains.

COMPLIMENT.

Vous sifflez ou battez des mains,
C'est s'expliquer par signe.

LE GOUST.

Est-il énigmatique ?

LE CAPRICE.

Non pour le rendre utile, il faudroit seulement
Y joindre les motifs de votre jugement,

LE GOUST.

Ce seroit un Art Poëtique.
Devinez-les.

LE CAPRICE.

Ici l'on ne se pique
Que d'apprendre de vous.

LE GOUST.

Notez donc mes Arrêts.
Tenez-en par année un Journal Historique.
Mes Principes toujours uniformes & vrais,
Tournent au Sentiment ; c'est ma Boussole unique,
Que le vain préjugé, la mode fanatique,
La vogue du Clinquant, le Méchanisme épais,
La haine du Moderne, ou l'amour de l'Antique,
Ne feront décliner jamais.

LE CAPRICE *à part*.

Il pense m'attérer... mais non, il me redresse.

haut.

Il faut, pour épargner vos dédains & nos frais,

COMPLIMENT.

Envoyer chaque Auteur chez vous lire fa Piéce ;
Ils rimeront les plans que vous aurez régis.

LE GOUST.

Les Auteurs ? la plûpart fçavent-ils mon adreffe ?
  Ils fe tromperoient de logis.
Eh ! me trouveroient-ils dans ces bruyans réduits,
Où la paffion juge, où le jargon impofe :
  Où les Pradons du Théatre éconduits
   Aux Boileaux font perdre la caufe.
Un Abbé doucereux, un Marquis turbulent,
  Un Sénateur chez Thémis indolent,
   Une Coquette defœuvrée,
Un Financier qui décide en ronflant,
   Là penfent créer le Talent,
   En l'affublant de leur livrée.
Je ne lis point de piéce, il faut la voir ici :
Je ne fais point d'effai. L'on me fert, je décide.

LE CAPRICE.

Mais vous trouvez tout mets trop fade, ou trop acide.

LE GOUST.

Mais dans certains ragoûts vous avez réuffi.
  Par exemple la Parodie :
Le genre eft fait pour vous. Libre, brillant & vif;
Vengez, vengez le Goût de cette rapfodie,

COMPLIMENT.

De ce Ballet plat & maffif,
De cette trifte Comedie,
De ce Conte foporatif.

LE CAPRICE.

C'eft ma reffource favorite.
Mais voit-on fouvent Livre ou Piéce qui mérite
L'honneur du traveftiffement ?
Oh ! Nous jouerions trop rarement.

LE GOUST.

Bon ! plus la Piéce eft gauchement ourdie,
Plus la Critique eft enhardie.

LE CAPRICE.

C'eft une infulte alors ; & de l'Auteur plaintif,
Et des Confederés la Troupe eft étourdie.

LE GOUST.

La Pitié, l'Interêt, double palliatif,
De votre pareffe engourdie.

LE CAPRICE.

Eh bien ! la Parodie admife avec du lenitif
Eft un cafuel lucratif.
Mais allieurs que chez nous elle eft plus applaudie,
Et nous n'en avons pas privilége exclufif.

COMPLIMENT.

LE GOUST.

Gagnez les autres de vîteſſe.
L'Opéra va bien-tôt vous faire une largeſſe.
Un morceau vieux & neuf revient ſur le tapis;
Des vers repris ſous œuvre, étayés, récrepis,
Par l'Amphion de la plus noble eſpece,
Par celui dont on voit tous les autres jaloux.
La Parodie à vous s'adreſſe.

LE CAPRICE.

Mais ſi le Spectateur la faiſoit avant nous.

LE GOUST.

Vous nous rebattrez donc votre vieux Repertoire.

LE CAPRICE.

Vous nous y réduirez; je commence à le croire.

LE GOUST.

Tant pis.

LE CAPRICE.

Le Neuf a du malheur.

LE GOUST.

Vous prenez le travers. Dans un nouvel Ouvrage
Entre l'Auteur & l'Acteur,
La Critique ſe partage.
Dans les autres l'Auteur nous échape aujourd'hui,

COMPLIMENT.

Vous payez pour vous & pour lui.

LE CAPRICE.

Ainſi toujours revers! toujours foible recette!
Vous nous déſeſperez... Songeons à la retraite.
Déja plus d'une fois la Comedie en pleurs
Pour partir fit ſa malle.

LE GOUST.

Et vous l'avez défaite,

LE CAPRICE

Quoi qu'il en coûte, on nous regrette.
Rien n'eſt tel que de vivre avec des Connoiſſeurs.

LE GOUST.

Il eſt de bons momens

LE CAPRICE.

Faites-en les douceurs;
Ce ſeul eſpoir nous fixe, ou nous rappelle
Eh! vous avez pour nous quelque inclination:
Car nous auriez-vous ſans elle
Paſſé l'imperfection?
Même en cet entretien où vous hauſſez le ton,
C'eſt pour nous éprouver & piquer notre zéle.

LE GOUST.

Et vous croyez avoir raiſon.

LE CAPRICE.

Oui, Seigneur, oui le Goût, pere de la ſageſſe,

COMPLIMENT.

Dédaigne la fadeur, abhorre la rudeſſe;
Les germes du talent par lui ſont fomentés,
Cultivés, mûris, augmentés

LE GOUST.

Oui, des jeunes Sujets il ſoutient la foibleſſe
Pourvû qu'ils ſachent ſe placer;
Que vainqueurs de la pareſſe,
Ils veillent pour avancer:

Aiguiſe les eſprits, loin de les émouſſer,
Des ſervices paſſés tient compte à la Vieilleſſe,
Tend les bras au plaiſir qu'on voudroit repouſſer
Par excès de délicateſſe

LE CAPRICE.

Les beaux jours à ce prix vont renaître pour nous

LE GOUST.

Le Caprice à mes loix veut donc être docile?

LE CAPRICE.

Mes Auteurs, mes Acteurs vous le promettent tous.

LE GOUST.

Le goût ſe rendra donc indulgent & facile.

LE CAPRICE *au Parterre.*

Meſſieurs, vous l'entendez, le démentirez-vous?

FIN

Lu & Approuvé par moi, Censeur de la Police.

CRÉBILLON.

Vu l'Approbation du sieur Crébillon, permis d'imprimer.

DE MARVILLE.

www.ingramcontent.com/pod-product-compliance
Lightning Source LLC
Chambersburg PA
CBHW071444060426
42450CB00009BA/2301